Jour : *L M M J V S D*   *Journée*

Date :   /   / 20

....

....

....

Sommeil   *Matin*

....

....

....

....

Messages   *Repas*

....

....

....

....

....

....

                    Soir   *Santé*

Jour : L M M J V S D   Journée

Date :   /   / 20

....

....

....

Sommeil

....

....

....

....

Matin

....

....

....

....

Messages

....

....

....

....

....

....

....

....

....

Repas

....

....

....

Soir

....

....

....

....

Santé

....

....

....

....

Jour : *L M M J V S D*

Journée

Date :   /   / 20

....
....
....

....
....
....
....

Sommeil

Matin

....
....

....
....
....

....
....
....
....

....
....
....
....

Messages

Repas

....
....
....
....

....
....
....
....

....

Soir

Santé

....
....
....
....

....
....
....
....

....
....
....
....

Jour : L M M J V S D

Journée

Date :   /   / 20

....

....

....

....

Sommeil   Matin

....

Messages   Repas

Soir   Santé

Jour : L M M J V S D   Journée

Date :   /   / 20

....

....

....

Sommeil   Matin

....

....

....

....

Messages   Repas

....

....

....

....

....

....

....   Soir   Santé

....

....

....

....

Jour : L M M J V S D   Journée

Date :   /   / 20

....

....

....

Sommeil

....

....

....

....

Matin

....

....

....

....

Messages

....

....

....

....

....

....

....

....

Repas

....

....

....

Soir

....

....

....

....

Santé

....

....

....

Jour : L M M J V S D

Date :   /   / 20

Journée

Sommeil

Matin

Messages

Repas

Soir

Santé

Jour : L M M J V S D   *Journée*

Date :   /   / 20

....
....
....
                                               ....
Sommeil   *Matin*   ....
                                               ....
....
....
....
....

Messages   *Repas*

....
....
....
....
....
                           Soir   *Santé*
....
....
....
....
....

Jour : L M M J V S D

Date :   /   / 20

Journée

....

....

....

Sommeil

Matin

Messages

Repas

Soir

Santé

Jour : L M M J V S D   Journée

Date :   /   / 20

....

....

....

Sommeil   Matin

Messages   Repas

Soir   Santé

Jour : *L* M M J V S D   *Journée*

Date :   /   / 20

....

....

....

Sommeil   Matin

Messages   Repas

Soir   Santé

Jour : L M M J V S D

Journée

Date :   /   / 20

....
....
....

....
....
....
....

Sommeil

Matin

....
....
....
....

....
....
....
....

....
....
....
....

Messages

Repas

....
....
....
....
....

....
....
....

....
....
....
....

Soir

Santé

....
....
....
....

....
....
....
....

Jour : L M M J V S D   Journée

Date :   /   / 20

....

....

....

Sommeil   Matin

....

....

....

....

Messages   Repas

....

....

....

....

....

....   Soir   Santé

....

....

....

....

Jour : L M M J V S D   Journée

Date :   /   / 20

....

....

....

Sommeil   ### Matin

....

....

....

....

Messages   ### Repas

....

....

....

....

....

....   ### Soir   ### Santé

....

....

....

....

Jour : L M M J V S D   Journée

Date :   /   / 20

....

....

....

Sommeil   Matin

Messages   Repas

Soir   Santé

Jour : *L M M J V S D*   Journée

Date :   /   / 20

....

....

....

Sommeil   Matin

....

....

....

....

Messages   Repas

....

....

....

....

....

....   Soir   Santé

....

....

....

....

Jour : L M M J V S D   Journée

Date :   /   / 20

....

....

....

....

Sommeil   ### Matin

....

....

....

....

....

Messages   ### Repas

....

....

....

....

....

....   ### Soir   ### Santé

....

....

....

....

....

Jour : *L M M J V S D*   *Journée*

Date :   /   / 20

....

....

....

Sommeil   *Matin*

....

....

....

....

Messages   *Repas*

....

....

....

....

....

....   *Soir*   *Santé*

....

....

....

Jour : L M M J V S D

Journée

Date :   /   / 20

Sommeil

Matin

Messages

Repas

Soir

Santé

Jour : L M M J V S D   Journée

Date :   /   / 20

....

....

....

                                                            ....

Sommeil   Matin   ....

                                                            ....

....

....

....

....

Messages   Repas

....

....

....

....

....   Soir   Santé

....

....

....

....

Jour : *L   M   M   J   V   S   D*

Journée

Date :   /   / 20

Sommeil

Matin

Messages

Repas

Soir

Santé

Jour : *L   M   M   J   V   S   D*   Journée

Date :   /   / 20

....
....
....

Sommeil   Matin

....
....
....
....

Messages   Repas

....
....
....
....
....
....   Soir   Santé
....
....
....
....

Jour : *L M M J V S D*

Journée

Date :   /   / 20

....

....

....

....

....

Sommeil

Matin

....

....

....

....

....

....

....

....

....

....

Messages

Repas

....

....

....

....

....

....

Soir

Santé

....

....

....

....

....

....

Jour : L M M J V S D   Journée

Date :   /   / 20

....

....

....

Sommeil   Matin

....

....

....

....

Messages   Repas

....

....

....

....

....

....

....   Soir   Santé

....

....

....

                   ....

Jour : *L M M J V S D*   *Journée*

Date :   /   / 20

....

....

....

Sommeil   *Matin*

....

....

....

....

Messages   *Repas*

....

....

....

....

....   *Soir*   *Santé*

....

....

....

....

....

Jour : L M M J V S D   Journée

Date :   /   / 20

....

....

....

                                                            ....

                                                            ....

Sommeil   Matin   ....

....

....

....

....

Messages   Repas

....

....

....

....

....

....   Soir   Santé

....

....

....

....

Jour : *L M M J V S D*   *Journée*

Date :   /   / 20

. . . .

. . . .

. . . .

Sommeil   ## Matin

. . . .

. . . .

. . . .

. . . .

Messages   ## Repas

. . . .

. . . .

. . . .

. . . .

Soir   ## Santé

. . . .

. . . .

. . . .

. . . .

Jour: *L* M M J V S D   *Journée*

Date: /   / 20

....

....

....

Sommeil   *Matin*

....

....

....

....

Messages   *Repas*

....

....

....

....

....

....

                Soir   *Santé*

....

....

....

....

Jour : *L M M J V S D*   *Journée*

Date :   /   / 20

....
....
....

....
....
....
....
....

Sommeil   *Matin*

....
....
....
....

....
....
....
....

Messages   *Repas*

....
....
....
....
....
....
....

....
....
....

Soir   *Santé*

....
....
....
....

....
....
....
....

Jour : L M M J V S D   Journée

Date :   /   / 20

....

....

....

Sommeil   Matin

....

....

....

....

Messages   Repas

....

....

....

....

....

....   Soir   Santé

....

....

....

....

Jour : L M M J V S D

Journée

Date :   /   / 20

Sommeil

Matin

Messages

Repas

Soir

Santé

Jour : *L*   M   M   J   V   S   D

Journée

Date :   /   / 20

....

....

....

....

....

....

Sommeil

....

....

....

....

Matin

....

....

....

....

....

....

....

....

Messages

....

....

....

....

....

....

....

....

....

Repas

....

....

....

....

Soir

....

....

....

....

Santé

....

....

....

....

Jour : L M M J V S D   Journée

Date :   /   / 20

. . . .

. . . .

. . . .

Sommeil   ## Matin

. . . .

. . . .

. . . .

. . . .

Messages   ## Repas

. . . .

. . . .

. . . .

. . . .

Soir   ## Santé

. . . .

. . . .

. . . .

. . . .

Jour : L M M J V S D   Journée

Date :   /   / 20

....
....
....

Sommeil   Matin

....
....
....
....

Messages   Repas

....
....
....
....
....   Soir   Santé
....
....
....
....

Jour : *L* *M* *M* *J* *V* *S* *D*

Date :   /   / 20

Journée

Sommeil

Matin

Messages

Repas

Soir

Santé

Jour : L M M J V S D   Journée

Date :   /   / 20

....

....

....

Sommeil   Matin

....

....

....

....

Messages   Repas

....

....

....

....

....

Soir   Santé

....

....

....

....

Jour : *L M M J V S D*

Date :   /   / 20

Journée

....

....

....

....

....

....

....

....

Sommeil

....

....

....

....

Matin

....

....

....

....

....

....

....

Messages

....

....

....

....

....

....

Repas

....

....

....

....

Soir

....

....

....

....

Santé

....

....

....

....

Jour : L M M J V S D   Journée

Date :   /   / 20

....

....

....

Sommeil

....

....

....

....

Matin

....

....

....

....

Messages

....

....

....

....

....

....

....

....

Repas

....

....

....

Soir

....

....

....

....

Santé

....

....

....

....

Jour : L M M J V S D   Journée

Date :   /   / 20

. . . .

. . . .

. . . .

Sommeil   Matin

. . . .

. . . .

. . . .

. . . .

Messages   Repas

. . . .

. . . .

. . . .

. . . .

. . . .

Soir   Santé

. . . .

. . . .

. . . .

. . . .

Jour : *L M M J V S D*   *Journée*

Date :   /   / 20

....

....

....

Sommeil   *Matin*

....

....

....

....

Messages   *Repas*

....

....

....

....

....

....   *Soir*   *Santé*

....

....

....

....

Jour : L M M J V S D

Journée

Date :   /   / 20

....

....

....

....

....

Sommeil

Matin

....

....

....

....

....

....

....

....

Messages

Repas

....

....

....

....

....

....

....

Soir

Santé

....

....

....

....

....

....

Jour : L M M J V S D

Date :   /   / 20

Journée

....

....

....

Sommeil

....

....

....

....

Matin

....

....

....

....

Messages

....

....

....

....

....

....

....

....

Repas

....

....

....

Soir

....

....

....

....

Santé

....

....

....

....

Jour : L M M J V S D   Journée

Date :   /   / 20

Sommeil   Matin

Messages   Repas

                        Soir   Santé

Jour : L M M J V S D   Journée

Date :   /   / 20

....

....

....

Sommeil

....

....

....

....

Matin

....

....

....

....

Messages

....

....

....

....

....

....

....

....

....

Repas

....

....

....

....

Soir

....

....

....

....

Santé

....

....

....

....

Jour : *L* *M* *M* *J* *V* *S* *D*   Journée

Date :   /   / 20

....

....

....

Sommeil   **Matin**

....

....

....

....

Messages   **Repas**

....

....

....

....

....

....   **Soir**   **Santé**

....

....

....

....

Jour : *L* *M* *M* *J* *V* *S* *D*   *Journée*

Date :   /   / 20

....

....

....

Sommeil   *Matin*

....

....

....

....

Messages   *Repas*

....

....

....

....

....

....   *Soir*   *Santé*

....

....

....

....

....

Jour : L M M J V S D   Journée

Date :   /   / 20

Sommeil   Matin

Messages   Repas

                    Soir   Santé

Jour : *L M M J V S D*

Journée

Date :   /   / 20

Sommeil

Matin

Messages

Repas

Soir

Santé

Jour : L M M J V S D

Journée

Date :   /   / 20

Sommeil

Matin

Messages

Repas

Soir

Santé

Jour : L M M J V S D

Journée

Date :   /   / 20

Sommeil

Matin

Messages

Repas

Soir

Santé

Jour : L M M J V S D

Journée

Date : / / 20

....

....

....

....

....

....

Sommeil

Matin

....

....

....

....

....

....

....

....

Messages

Repas

....

....

....

....

....

....

Soir

Santé

....

....

....

....

....

....

....

....

Jour : L M M J V S D

Journée

Date :   /   / 20

....

....

....

....

....

....

....

....

Sommeil   Matin

....

....

....

....

....

....

....

....

....

....

Messages   Repas

....

....

....

....

....

....

....

....

Soir   Santé

....

....

....

....

....

....

....

....

Jour : L M M J V S D   Journée

Date :   /   / 20

....

....

....

Sommeil   Matin

....

....

....

....

Messages   Repas

....

....

....

....

....

....

....   Soir   Santé

....

....

....

....

Jour : L M M J V S D   Journée

Date :   /   / 20

....

....

....

Sommeil   Matin

....

....

....

....

Messages   Repas

....

....

....

....

Soir   Santé

....

....

....

....

Jour : L M M J V S D

Journée

Date :   /   / 20

Sommeil

Matin

Messages

Repas

Soir

Santé

Jour : L M M J V S D   Journée

Date :   /   / 20

....

....

....

Sommeil   Matin

....

....

....

....

Messages   Repas

....

....

....

....

....

Soir   Santé

....

....

....

....

Jour : *L M M J V S D*   Journée

Date :   /   / 20

....

....

....

Sommeil   Matin

....

....

....

....

Messages   Repas

....

....

....

....

....

....   Soir   Santé

....

....

....

....

Jour : L M M J V S D   Journée

Date :   /   / 20

....

....

....

Sommeil   Matin

Messages   Repas

Soir   Santé

Jour : L M M J V S D

Journée

Date :   /   / 20

Sommeil

Matin

Messages

Repas

Soir

Santé

Jour : L M M J V S D   Journée

Date :   /   / 20

....

....

....

Sommeil   Matin

....

....

....

....

Messages   Repas

....

....

....

....

....

....   Soir   Santé

....

....

....

                                  ....

Jour : L   M   M   J   V   S   D   Journée

Date :   /   / 20

....

....

....

Sommeil   Matin

....

....

....

....

Messages   Repas

....

....

....

....

....

....   Soir   Santé

....

....

....

....

Jour : L M M J V S D   Journée

Date :   /   / 20

....

....

....

Sommeil   Matin

....

....

....

....

Messages   Repas

....

....

....

....

....

....   Soir   Santé

....

....

....

....

Jour : L M M J V S D

Journée

Date :   /   / 20

Sommeil

Matin

Messages

Repas

Soir

Santé

Jour : *L M M J V S D*   Journée

Date :   /   / 20

....
....
....

Sommeil   Matin

....
....
....
....

Messages   Repas

....
....
....
....
....

                                    Soir   Santé

....
....
....
....

Jour : L M M J V S D

Journée

Date :   /   / 20

....
....
....

Sommeil

Matin

....
....
....
....

Messages

Repas

....
....
....
....

Soir

Santé

Jour : *L M M J V S D*   Journée

Date :   /   / 20

....

....

....

Sommeil   Matin

....

....

....

....

Messages   Repas

....

....

....

....

....

....   Soir   Santé

....

....

....

                ....

Jour : L M M J V S D   Journée

Date :   /   / 20

....

....

....

Sommeil   Matin

Messages   Repas

Soir   Santé

Jour : *L* *M* *M* *J* *V* *S* *D*   Journée

Date :   /   / 20

....

....

....

Sommeil   Matin

....

....

....

....

Messages   Repas

....

....

....

....

....

....

                Soir   Santé

....

....

....

....

Jour : L M M J V S D   Journée

Date :   /   / 20

....

....

....

Sommeil   Matin

....

....

....

Messages   Repas

....

....

....

....

                        Soir   Santé

....

....

....

....

Jour : L M M J V S D   Journée

Date :   /   / 20

....

....

....

Sommeil   Matin

....

....

....

....

Messages   Repas

....

....

....

....

....   Soir   Santé

....

....

....

....

....

Jour : L M M J V S D

Date :   /   / 20

Journée

....
....
....
....
....

Sommeil

....
....
....
....

Matin

....
....
....
....

Messages

....
....
....
....
....
....
....
....

Repas

....
....
....

Soir

....
....
....

Santé

....
....
....

Jour : L M M J V S D   Journée

Date :   /   / 20

....

....

....

Sommeil   Matin

Messages   Repas

Soir   Santé

Jour : L M M J V S D

Journée

Date : / / 20

Sommeil

Matin

Messages

Repas

Soir

Santé

Jour : L M M J V S D   Journée

Date :   /   / 20

....

....

....

....

Sommeil   ### Matin   ....

....

....

....

....

Messages   ### Repas

....

....

....

....

....

....   ### Soir   ### Santé

....

....

....

....

Jour : L M M J V S D

Journée

Date :   /   / 20

Sommeil

Matin

Messages

Repas

Soir

Santé

Jour : L M M J V S D   Journée

Date :   /   / 20

....

....

....

Sommeil   Matin

Messages   Repas

Soir   Santé

Jour : *L M M J V S D*

Date :   /   / 20

Journée

Sommeil

Matin

Messages

Repas

Soir

Santé

Jour : L M M J V S D   Journée

Date :   /   / 20

....

....

....

Sommeil   Matin

....

....

....

....

Messages   Repas

....

....

....

....

....

                          Soir   Santé

....

....

....

....

Jour : *L   M   M   J   V   S   D*

Journée

Date :   /   / 20

....

....

....

....

....

....

Sommeil

Matin

....

....

....

....

....

....

....

....

....

....

Messages

Repas

....

....

....

....

....

....

....

....

Soir

Santé

....

....

....

....

....

....

....

....

....

Jour : L M M J V S D   Journée

Date :   /   / 20

....

....

....

Sommeil   Matin

....

....

....

....

Messages   Repas

....

....

....

....

....   Soir   Santé

....

....

....

....

                  ....

Jour : L M M J V S D

Date :   /   / 20

Journée

....

....

....

....

....

Sommeil

....

....

....

....

Matin

....

....

....

....

Messages

....

....

....

....

....

Repas

....

....

....

Soir

....

....

....

....

Santé

....

....

....

Jour : *L M M J V S D*   *Journée*

Date :   /   / 20

....

....

....

Sommeil   ### Matin

....

....

....

....

Messages   ### Repas

....

....

....

....

....

....   ### Soir   ### Santé

....

....

....

Jour : L M M J V S D

Journée

Date :   /   / 20

Sommeil

Matin

Messages

Repas

Soir

Santé

Jour : L M M J V S D   Journée

Date :   /   / 20

....

....

....

Sommeil   Matin

....

....

....

....

Messages   Repas

....

....

....

....

....

Soir   Santé

....

....

....

Jour : L M M J V S D

Journée

Date :   /   / 20

Sommeil

Matin

Messages

Repas

Soir

Santé

Jour : L M M J V S D

Journée

Date :   /   / 20

Sommeil

Matin

Messages

Repas

Soir

Santé

Jour : L M M J V S D

Journée

Date :   /   / 20

Sommeil

Matin

Messages

Repas

Soir

Santé

Jour : L M M J V S D   Journée

Date :   /   / 20

....
....
....

Sommeil   Matin

....
....
....
....

Messages   Repas

....
....
....
....
....
....   Soir   Santé
....
....
....

Jour : L M M J V S D   Journée

Date :   /   / 20

Sommeil   Matin

Messages   Repas

                        Soir   Santé

Jour : L M M J V S D   Journée

Date :   /   / 20

....

....

....

Sommeil   Matin

Messages   Repas

Soir   Santé

Jour : L M M J V S D

Journée

Date : / / 20

....
....
....
....

Sommeil

Matin

Santé

Messages

Repas

Soir

Jour : L M M J V S D   Journée

Date :   /   / 20

....

....

....

Sommeil   Matin

....

....

....

Messages   Repas

....

....

....

                        Soir   Santé

....

....

....

Jour : *L M M J V S D*   Journée

Date :   /   / 20

....

....

....

Sommeil   Matin

....

....

....

....

Messages   Repas

....

....

....

....

....   Soir   Santé

....

....

....

....

Jour : *L M M J V S D*   Journée

Date :   /   / 20

Sommeil   Matin

Messages   Repas

                           Soir   Santé

Jour : L M M J V S D   Journée

Date :   /   / 20

....

....

....

Sommeil   Matin

Messages   Repas

Soir   Santé

Jour : L M M J V S D

Journée

Date : / / 20

....

....

....

....

....

Sommeil

Matin

....

....

....

....

....

Messages

Repas

....

....

....

....

Soir

Santé

....

Jour : *L   M   M   J   V   S   D*

Date :   /   / 20

Journée

....
....
....

Sommeil

Matin

Messages

Repas

Soir

Santé

Jour : L M M J V S D

Date : / / 20

Journée

Sommeil

Matin

Messages

Repas

Soir

Santé

Jour : L M M J V S D

Journée

Date :   /   / 20

Sommeil

Matin

Messages

Repas

Soir

Santé

Jour : L M M J V S D   Journée

Date :   /   / 20

....

....

....

Sommeil   Matin

....

....

....

....

Messages   Repas

....

....

....

....

....

....

                            Soir   Santé

....

....

....

....

Printed by Amazon Italia Logistica S.r.l.
Torrazza Piemonte (TO), Italy

60769199R00057